Mustat linnut onnemme yllä

Esa Pesonen

Mustat linnut onnemme yllä

Runoja

Kustantaja: BoD – Books on Demand, Helsinki, Suomi
Valmistaja: BoD – Books on Demand, Norderstedt, Saksa

ISBN: 978-952-80-3610-4

Neiti Melankolia

Rakkauden jumalatar,
puolipilvinen jumala.
Molemmat
kääntävät selkänsä
kun onnestasi on kyse.
Käännythän
Neiti Melankolian puoleen.

Jäähyväiset rakastetulle

Runoilija haudattiin
mustassa arkussa,
mustan kuoleman jälkeen.
Rakastettunsa jätti mustissaan
jäähyväiset salamavalojen valossa,
kukat,
viimeinen suudelma mukanaan.
Kuolema oli julkinen,
rakkaus heidän salaisuutensa.
Ei enää pimeyttä.
Rauhaa ja aikaa loputtomiin.

Rakkauden hautaholvi

Makaamme vierekkäin
suuressa hautaholvissa.
Kerrankin rauhassa. Riitoja ei ole.
Käsi kädessä, kenties pakotettuna.
Kuolema toi rauhan,
siinä missä elämämme yhdessä
oli julmaa taistelua,
tiedossa vaanivaa
loppua peläten.
Rakkaus meni,
muuta ei ollut.
Emme voineet kuvitella
kokevamme yhdessä
mitään kaunista.
Jostain auringon takaa
rakkaus tuli.

Pimeyden prinsessat

Pimeyden prinsessat
vetävät minut luokseen.
Kuin yöperhosen
korventavaan valoon,
ja heikot,
pimeyttä rakastavat
siipeni palavat.
Pimeyden prinsessoja
ei tarvitse etsiä.
Vain he tulevat luokseni,
vain he kuulevat kutsuni.

Goottilainen rakkaus

Taidan hetken nukahtaa.
Etten ymmärtäisi, mitä sanon.
Taas pelkään kuolemaa.
Samaa synkkää yksinpuhelua.
Tiedän kuolevani
puuttuvaan rakkauteen.
Rakkautta minulle ei ole ollut.
Vain hengen pitimiksi.
Sielu on jäänyt kylmäksi. Valmiiksi kuolleeksi.
Sen vähän perään olen huutanut, itkenyt ja raivonnut.
En tahdo huutaa, itkeä tai raivota. En edes kuolla.
Tahdon elää suurenmoisen rakkauden
kauneuden käden suojissa.

Mustasukkaisuudesta

Vankityrmä.
Synkän talon ylimmässä kerroksessa.
Se oli täynnä
kuolleiden onnettomia rakkauksia.
Morfiinia, alkoholia, tuhottuja sieluja.
Astuin mukaan leikkiin,
minä rikkinäinen.
Siellä neitoni odottaa minua.
Vankinani,
sillä hän ei rakastanut minua.
Sinä ainoani.
Sinä olit kaikki mitä minulla oli.
En saa koskea sinua.
En tuntea kauniiden sanojesi voimaa.
En kosketustasi.
Tapoin sinut.
Kadotin sinut.
Kadotin itseni.
Pelosta tapoin sinut.
Ettei kukaan muu saa sinua.

Lumeton talvi kaipausta täynnä

Kevätaurinko on armoton
pimeälle mielelle.

Se työntää valoa väkisin,
sitä ei kaivata,
jotkut sanovat sitä onneksi.
Toiset eivät sitä kestä.

Sanoit, ettei sinun sieluasi voi viedä.
Minun veit.
Sieluni on kadonnut,
sinun on vapaudessa,
jossain mitä en tiedä.

Etsin sinua sen jälkeen kun pakenit,
kärsin ja korvennuin.

Ilman sinua
elämä minusta
paennut,
norsunluisen ihosi
korpinmustien hiuksiesi jälkeen.

Lumeton talvi
kaipausta täynnä.

Oodi rakastaville naisille

Miksi naiset tuoksuvat aina hyvälle?
Miten he jaksavat uskoa huomiseen?
Miksi he ovat avoimia rakkaudelle?
Miten heitä tulisi rakastaa?
Miten he voivat rakastaa niin paljon?
Että uskovat valheisiin?

Puuttuva rakkaus

Minua pelotti.
Niin suuri asia on rakkaus.
Lasken vuosia,
montako minulla on jäljellä,
löytää sinut,
ennen kuin aikani loppuu,
ja olen vanha ja ruma.

Aave

Kun en voinut rakastua elävään,
uneeni ilmestyi aave,
johon rakastuin.
Hän oli täydellinen,
kaikkea sitä mitä hain,
koskea en voinut.
Ja sitten,
aavekin katosi.
Sanani loppuivat,
lakkasin uskomasta.
Oli päästävä pois.
Elämästä ja unista. Kaikesta.
Minä vaelsin vuosia pimeydessä.
Se oli tahtoni, se oli tarkoitukseni.
Väistelin valoa,
etten näkisi aavetta valvoneissa silmissäni.
Toivoin unohdusta,
mutta kävelen yhä pimeässä.
En halunnut pimeydestä eroon,
ystävästäni,
aavekin on mennyt.

Tavallinen tyttö

Olinko se minä,
joka tuijotin sinua
ennen illan viimeistä tanssia.
Minä,
joka olin palvonut sinua vuosia salaa.
Sinun kauneutesi,
kaikki sinussa oli kaunista.
Sinä iltana,
kaukana hoveista.
Olit tavallinen tyttö,
minulle prinsessa.

Ilman rakkautta

Joidenkin täytyy jäädä ilman rakkautta,
että toisilla olisi rakkautta enemmän.
Se harmitti minua enemmän
kuin kuolema luodin lävistämänä
yritettyäni rakastaa
väärää naista.
Sain haudalleni
kuolleet kukkaset.
Minulle rakkauden täytyi olla synkeää,
muuten se ei ollut mitään.
Kyllästyin jo kauan sitten
nauraviin kasvoihin.
Minun täytyi huutaa:
Minä olen rakkaus.

Kuolen rakkauteni vuoksi

Kuolen rakkauteni vuoksi.
Odotan hirsipuuta.
Kuolin jo aikaa sitten,
älkää huoliko,
kunhan hirttäjä osaa työnsä.
Minä olen kärsimykseni ansainnut,
jäljellä ei muuta.
Miten kosketuksesi
valoi minuun toivoa.
Kuolen rakkauteni vuoksi.
Sinun rakkaani,
muut eivät haavoittaneet sinua.
Lupasit minulle rakkauden
ja sain kuoleman.

Kaunein kaikista

Kuulin kauneudestasi
toiselta puolelta maailmaa.
Lähdin sinua etsimään.
Vaelsin, jalkoihin sattui,
minun oli nähtävä sinut.
Minun oli pakko.
Minun oli pakko löytää sinut.
Kauneimman kaikista.
Enkä pettynyt.
Hän oli se,
hän oli minulle määrätty.

Jäähyväiskirje

Tämä on jäähyväiskirje sinulle, rakkaani.
Pyydän anteeksi, jos olin paha.
Anteeksi, jos en ollut riittävästi.
Kaikkeni yritin.
Poistun elämästäsi, kuten lupasin.
Ei tarvitse olla katkera, ei tarvitse olla vihainen.
Minä menen.
Menen pois.
Älä unohda minua.
Älä unohda, että kaipaan sinua.

Siihen ei ole syytä

Älä herätä minua.
Ei meidän tarvitse rakastaa.
Ei riidellä.
Meillä ei ollut rakkautta,
se oli kiduttamista,
toistemme kiduttamista.
Joimme toistemme verta kuin vampyyrit.
Muutakaan emme osanneet,
vuosien karttuessa,
toisiimme takertuessa,
kuunnellen taistelumme ääntä,
sopimattomilla sanoilla.
Älä herätä minua,
siihen sinulla ei ole syytä.

Rakkaani toisen vieressä

Lepään yksin hautausmaalla.
Sain kuolleen veljeni nimen.
Surun,
jota kannoin loppuun asti.
En ollut sukuni viimeinen,
olin se, jota ei haluttu.
Rauhassa lepään hautausmaalla.
Rakkaani on toisen vieressä.
Minä,
surun
veljeni nimestä saanut.

Tuomittuina yhteen

Jumala ei olisi antanut
meille kyyneleitä,
jos ei haluaisi meidän itkevän.
Me kuolimme käsi kädessä,
rakkautta oli,
intohimoa ei.
Tuomittuna lepäämään yhdessä.
Enkelini
vieraalla maalla.

Rakkaudellani

Ei enkeli
laskeutunut
viereeni.
Ei tässä maassa.
Siellä jossain on se,
johon joskus pääseen.
Sinä täytät täyttämättömät unelmani.
Minä täytän sinut.
Rakkaudellani.

Raivotar

Suutut jokaisesta sanasta.
En välitä.
En intohimosta.
En mistään.
Raivotar.
Viethän
lohikäärmeen kiukkusi muualle.

Syyllinen on intohimo

Syyllinen on intohimo.
Tiesin, ettet ollut minun.
Tulin luoksesi
kuin koira käskettäessä.
Miten en olisi voinut?
Vartaloasi oli koskettanut
vain harmaa, vanha mies.
Minä himoitsin sinua.
Se oli syyllistä intohimoa.
Tällä kertaa
en vain välittänyt.

Nuku hyvin, armaani

Valkoiset ruusut
puutarhasi kuihtuu.
Paljon surua, paljon surua.
Puutarhassasi.
Nuku hyvin, armaani.
En pysty auttamaan sinua,
olet mennyt pois.

Turhaan neito suree

Keskikesä on kohta.
Neito kaukana rakkaudesta.
Aivan yksin
keskellä toiveiden niittyä.
Loitsut loitsuttuna
ilman sulhasta.
Turhaan neito suree.
Sulhosta tulisi isä.
Sen jälkeen,
rakkaus ja himo,
tärkeimmät poissa.

Rakkauteni kaukomailta

Koska lähetät rahaa?
Rakkauteni kaukomailta vaatii.
Vastaan heti,
etten mitään.
Olen köyhä ja kipeä,
mutta rakkautta riittäisi.
Seuraa hiljaisuus,
pitkä hiljaisuus.
Ja sitten,
mutta koska lähetät rahaa?

Aivan kaikekseni

En tahdo nähdä
yhtään kuolemaa.
Haluan sinut.
Kaikekseni.
Aivan kaikekseni.
Unelmien jälkeen rakkaus,
vihdoin totuus.

Kasvosi peilissä

Vieläkin tunnen tuoksusi
huoneessa,
josta lähdit vuosia sitten.
Näen liikkeesi,
kasvosi peilissä,
jota olen varjellut särkymiseltä.
Jonain päivänä teet minut ehjäksi.
Palaathan elämään,
ethän jättänyt minua iäksi.
Avullasi olen ehjä.

Mustat linnut onnemme yllä

Katselen sinua,
sinua,
jota olin turhaan kurkottanut.
Yrittänyt pitää kiinni,
olisi pitänyt päästää irti.
Se oli pettymys,
yksi niistä monista.
Tarkoituksenasi oli rakastaa,
kaikesta tuli tarpeettoman likaista.
Mustat linnut onnemme yllä.
Tulevaisuus liian myöhään.
Emme kirjoita tulevaisuutta itse.
Voi älä tuomitse tätä synniksi.
Äläkä elämääsi.
Ei siinä mitään, ettei rakkautta ollut.
Onnen hetkiä vähän
tai ei ollenkaan.

Rakkaudesta vapaa

Sinä olet kesän lapsi.
Minä olen syksy,
synnyin kesään,
täynnä toivoa ja antaumusta.
Olit ollut satojen kanssa,
minua se ei haitannut,
olen rakkaudesta vapaa.
Onneksi kerroit minulle,
mitä rakkaus on.

Olet jossain

Olen yksin
seuranani täyttymättömät unelmat,
etsin sinua jokaisesta vastaantulijasta,
jokaisesta kaupungista.

Siellä olet jossain,
jota en koskaan löytänyt.

Hyvä näin,
löydetty rakkaus katoaa,
toive rakkaudesta ei koskaan.

Rakkaudettomat

Onnea teille rakastuneille.
Onnea teille, joilla on kaikki.
Hymyilkää meille,
joilla ei ole mitään.
Nauraakin saa,
rakkaudettomuus on
sekä kipeää että huvittavaa.
Me voimme odottaa, ikävöidä,
piehtaroida:
Miksi minä ole se,
jota kukaan ei rakastanut?

Silmäsi lohtuna

Tässä pimeydessä,
likaisen mustassa sateessa
silmäsi olivat lohtua.
Miten silmäsi
pysyivätkään puhtaina?
Miten ihmeessä,
se oli mahdollista?
Sinä kerroit.
Silloin pimeyskin oli
hiljaa.

Sydämetön

Taidat olla sydämetön mies.
Tämän olen kuullut,
minä, sydäntä täynnä.
Se sydän on
arvaamaton ja julma,
palvova tai herkkä,
mutta älkää koskaan
kutsuko minua
sydämettömäksi.

Haluaisin muuttua rakkaudeksi

Haluaisin muuttua
aivan pieneksi.
Rakkauden hengeksi
vailla henkeä ja tahtoa.
Rakkaudeksi kokonaan,
auringoksi
loputtoman sateen jälkeen.

Ohjeita Nymfille

Nymfi,
niin juuri sinä siellä,
viaton pikku olento,
jota ei ole olemassa.

Karta ihmisiä,
karta kosketusta.

Pysy puhtaana.
Pysy pyhänä.

Rahasta

Koskit minuun rahasta,
koska se ei olisi ollut
muuten mahdollista,
tiesin,
ettei mikään ollut totta.

Väliäkö sillä
maksaako
kosketus vai ei.

Ilman kosketusta
ihminen ei voi elää.

En loukkaa enää

Kaipaus ja ikävä,
täältä jostakin.
Rauha on kaukana.
Kylmä on täällä
ilman sinua.
En pelkää kuolemaa.
Kuolemaa yksin, silvottuna.
Sieluni harhailemassa
ilman sinua.

Likaiset varkaat

Kuoleman laulajat
pelkäävät rakkautta,
siksi he rakastuvat
likaisiin naisiin.
Kohtelevat heitä huonosti,
koska pelkäävät rakkautta.
He varastavat
naisiltaan rakkauden,
kuolemaansa
he eivät voi varastaa.

Pieni rakkaus

Ihmiset havittelevat
suurta rakkautta.
Minulle riittäisi
pieni rakkaus.
Ihan pieni,
ei muuta,
etteivät kyyneleet
valuisi turhaan.

Rakkauden soturit

Rakkauden soturit,
heillä tietön tie edessä,
kaikki kivuliaat haavat,
jotka eivät ota arpeutuakseen.
Juuri siksi,
täytyy jatkaa vaellusta,
rakastua mahdottomaan.
Tehdä se.

Särkynyt sydän

Mies kuoli kantakapakassaan.
Kenties rakkaus mielessään.
Hän ei olisi ensimmäinen
särkyneeseen sydämeen kuollut.

Puhdas rakkaus

Miehen synti
oli tyttö,
jonka ainoa synti oli
hyväntahtoisuus,
ja pakko antautumiseen.
Se oli normaali päivä hänelle,
hän kuoli joka päivä
rakkautensa vuoksi,
mutta hän on puhdas.
Hän on puhdas.

Rakkaudelle antautuneet

Kuulen heidän huutonsa öisin.
Elämänsä rakkaudelle antaneille,
anteliaille,
joille rakkaus oli kaikki tai ei mitään.
He lipuvat pilvien päällä,
näkyvät hetken,
katoavat yhtä nopeasti
kuin ilmestyivätkin,
sanovat lähtiessään:
älkää unohtako meitä.

Yö, joka laskeutuu aamulla.
Rukous rakkautta
vaativien nälkäisistä suista.
He haluavat,
edes yhden rakkauden.

Viimeinen rakkaus

Vielä yksi runo sinusta.
Olkoon se viimeinen.
Ei turhia sanoja,
ei pettymyksiä.
Tämä on se viimeinen,
viimeinen rakkaus,
viimeinen runo rakkaalle.

Mademoiselle

Mademoiselle,
minä teen puolestasi
mitä tahansa,
niin kuin olen
aina tehnyt
rakkauden edessä,
jota ei ollut.

Olit päiväperho,
joka katosi käskettäessä,
eikä vaatinut maksua,
vaan maksoi puolestani.

Et herää

Katson kun sinä nukut.
Et herää katseeseeni.
Rakastinhan sinua
koko elämäni,
Nyt katson sinua
kun nukut,
etkä herää.

Anelin polvillani sinua,
silloin kun sinua kosin,
katsellessani sinua
kehystetyssä sydämessäni.

Suostuit.
Mutta et luvannut rakastaa.

Katson kun nukut, etkä herää.

Talvirakkaus

Talvi tuli taas,
niin myös talvirakkauteni.
Liian kauan olimme jäässä,
täysin jäässä,
aivan avuttomina
jäätyneiden
sydämiemme kanssa.

Kaukainen rakkaus

Kaipaan sinua,
niistä kaukaisista paikoista,
joissa on aina sota.
Johtuiko sinusta,
menetit kaiken,
ja luulit,
rakkauden olevan ratkaisu.
Et koskaan nähnyt minua,
et sellaisena,
kun olen ja pysyn.
Olen taivaassa, jos tulet.
Kunnes kuolema meidät erottaa.
Älä petä minua.
Anna minun rakastaa.
Nyt ja aina.
Muuta en vaadi.
Rakkaus,
joka lakastuu valheiden myötä.
Anelin sinulta,
turhaan.

Kirkonkellot

Unelmoin unelmiani kanssasi.
Eihän tässä ole vaihtoehtoja.
Meidät luotiin toisillemme,
emme vain sitä tiedä.
Kirkonkellot lyövät meille
viimeisen kerran,
voimme olla varmoja.

Melankolia luonani jälleen

Miksi tämänkin unelman
piti olla valhetta?
Olin valmis
vihdoin rakastamaan,
antamaan kaiken,
ottamaan vähän.
Olemaan mies naiselle,
vaatimatta mitään.
Melankolia,
luonani jälleen.
En halua sinua,
mutta tulit.
Ei hän,
joka olisi voinut
rakastaa minut onnelliseksi.
Sinun piti tulla
luokseni kotiin,
mutta jäit paikkaan, josta en tiedä.

Hän puhui vain minulle

Sanottiin,
että hänen
olisi pitänyt
puhua jumalille.
En usko,
hän puhui vain minulle,
silloinkaan ei rakkaudesta.

Rakasta

Olin väsynyt,
Olin väsynyt,
niin väsynyt.
Ilman sinua,
rakasta.

Kuiskuta kauniita sanoja

Tule kanssani katsomaan ikkunasta.
Pidä kädestäni kiinni.
Kuiskuta korvaani kauniita sanoja.
Sano sanoja, joita haluan kuulla.
Minä teen saman ja enemmän.

Hullu nainen

Rakastuin hulluun naiseen.
En koskaan kyennyt hillitsemään häntä.
Hän oli kuin tuli ja vesi,
kaikkea yhtä aikaa.
Hullu ja arvaamaton,
siksi niin kiehtova.
En pärjännyt hänelle koskaan,
siksi en kyennyt laskemaan irti.
Sellaista se oli,
kun rakasti hullua naista.

Liian viaton

Hän oli enkeli.
Siksi häntä sanottiin,
mitä muutakaan olisi voitu.
Hän näytti enkeliltä,
mutta oli täydellisen viaton.
En halunnut häntä,
kuka voisi haluta viatonta.
Minulla oli rakkauksia,
ja oli enkeli.

Eikö kuiskaus riittäisi?

Miksi rakkaudesta täytyy maksaa?
Tavalla tai toisella.
Eikö riittäisi kuiskaus:
minä rakastan sinua.
Me kaikki olemme yksin,
tavalla toisella
rakkauden perässä.

Orja

Vanha kirje rakkaudesta.
Se kuului näin:
Saisinko kirjoittaa teille?
Saanko suudella kättänne?
Saisinko avata oven teille,
kenties kantaa tavaroitanne?
Olisin teidän orjanne,
jokaisen mielihalun tyydyttäjä,
raivonne hiljainen vastaanottaja.
Vastaattehan,
teidän ikuisesti,
Herra Yksinäinen Sydän.

Paljon sinua rakastin

Hoidin sinua,
kun olit sairas.
Sitten kuolit
minusta huolimatta.
Minä kaivoin sinut haudastasi.
Niin paljon sinua rakastin,
ettei rakentamani
mausoleumi riittänyt,
eikä maallinen ruumiisi kadonnut.
Olet ikuisesti kanssani,
sinut rakensin uudelleen,
silkillä ja hajuvesillä koristelin,
ettei sinua löydettäisi,
vaikka nukuit kanssani.
Et katoa minulta,
et koskaan.

Koketti

Hän hurmaa ja viettelee.
Päällensä miehet peittelee.
Rakkauteen hän on luotu,
koketti,
ylitsevuotavana viettelystä.
Katsoa saa,
ei koskea!

Mikä sääli

En ole koskaan
sanonut rakastavani,
en sillä tavalla,
että olisin sitä tarkoittanut.
Mikä sääli.
Valtava määrä
pois heitettyä rakkautta.

En rakastanut sinua

Sinä halusit heti naimisiin.
Minä en.
Sinulla oli kovin kiire,
mutta ei rakastella.
Minä halusin vain sinua.
Intohimoni ei täyttynyt
niin kuin kovin usein käy.
Himoitsin sinua,
pelasit minua sillä.
Se oli hyvä peli.
Et ollut kaunotar,
mutta riittävä.
En rakastanut sinua,
et sinäkään minua,
mutta annoin sinun voittaa,
ja jättää minut.
Niin kuin kaikkien muidenkin,
jotka ovat minut hylänneet.
Eihän heitä voi tuomita,
jos ei minuakaan.

Jumalan morsian

Sinä olit Jumalan morsian.
Siksi jo taivaassa.
Minä taidan olla saatanasta,
aina pulassa,
helvetin tuletkin
hyljeksivät minua,
minä kun en usko mihinkään.
Sinä se minut valitsit,
syytä itseäsi.

Ensirakkaus

Ensirakkaus on yhtä kuin elämä.
Kiivas ja tunteita täynnä.
Sitten tyhjyys,
kuten jokaisen rakkauden jälkeen käy.
Ensirakkaus vie enemmän,
etkä ole koskaan sama,
kuin ennen.

Syön rakkauteni

Olen kuin musta leski.
Syön rakkauteni.
Sieluni on musta,
mieli valkeutta täynnä.

Vain minä

Minä huolehdin sinusta.
Minä huolehdin kaikesta.
Sinun tarvitsee rakastaa minua.
Minä rakastan sinua,
sinun ei tarvitse rakastaa minua.
Suukotan vain sinua,
sitten menen.

Tähtilapsi

Tähtilapsi
yksin avaruudessa,
rajattomaan pimeyteen,
tuomittu jäämään yksin.
Vailla toivoa
kosketuksesta,
rakkaudesta,
mistään mikä tekee
ihmisestä ihmisen.
Yksin olisi hyvä olla,
jos unohtaisi ihmisen.
Siihen ei
tähtilapsikaan pysty.

Rakkaus, jota ei ollut

Niin monet
etsivät rakkautta,
jota ei koskaan ollut.
Aikani on kohta mennyt,
eikä aikaa ole jäljellä
rakkautta varten,
jota ei koskaan tule.

Kuolemattomat ruusut

Minulle jää aina
kuolemattomat ruusut.
Niitä ei aika tapa,
ei rakkaus unohda,
ei ikuisuus pyydä takaisin.
Kuolemattomat ruusut,
ne pysyvät minulla.

Vastalahja

Jos varoituksistani huolimatta
valitset minut,
tyydy osaasi,
älä valita.
Niin minäkin tyydyin.
Rakkaudellemme annoin kaikki.